8°E
302

AF263048

OBSERVATIONS

SUR

LES LOIS MARITIMES,

Dans leur rapport avec le Code civil,

Par Pierre GRANIÉ.

———

A PARIS,

Chez { MAGIMEL, quai de la Vallée, n°. 73.
JOMBERT, rue de Thionville, n°. 1850.
BRIGITTE - MATHEY, Palais - Egalité,
galerie du côté du Perron, n°. 101. } Libraires.

PRIMAIRE AN VIII.

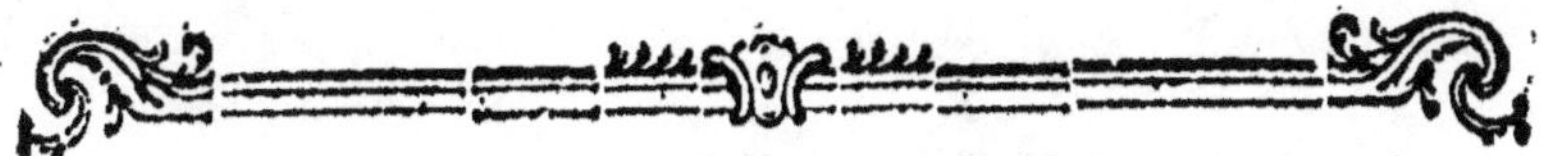

OBSERVATIONS

SUR

LES LOIS CIVILES MARITIMES,

Dans leur rapport avec le Code civil.

Nécessité du Code civil maritime.

Ces Observations seront peut-être de quelque utilité en ce moment : elles sont le fruit d'une longue expérience, et d'une étude particulière des ordonnances et des lois qui peuvent contribuer à la formation du code maritime que le commerce demande, et dont tous les citoyens sentent la nécessité. Après les agitations et les troubles d'une révolution qui a changé pour jamais, au milieu de nous, l'ordre des personnes et des choses, il est important de fixer la législation dans toutes ses parties ; il faut mettre fin à l'arbitraire qui a dû avoir lieu, sans doute, dans le passage de l'ordre ancien à l'ordre nouveau : il doit cesser

A

d'arrêter ou de porter le trouble dans les affaires et dans les transactions.

Rappelons-nous que le défaut d'une législation juste et positive, pour régler les droits
respectifs des citoyens, doit nécessairement
occasionner des mécontentemens, et faire naître
des troubles qui ébranlent l'Etat, et donnent des
espérances aux factieux. Si les Français, char-
més de leurs droits politiques, savent sur quelles
bases ils sont fondés, ils ont un intérêt de tous
les jours d'être convaincus, par une heureuse
expérience, que des lois reçues et constantes
assurent leurs droits civils ; ils doivent avoir la
certitude qu'à chaque instant, des réglemens
nouveaux ne rendront pas précaires leurs for-
tunes et leurs propriétés.

Il s'agit donc aujourd'hui de nous donner les
lois civiles que nos lois politiques doivent comporter. Il n'y a qu'un cri pour demander le per-
fectionnement et la rédaction définitive du code
civil. Aucun peuple n'a jamais été dans une position aussi heureuse pour recevoir, sans violence et sans contradiction, des lois uniformes
et dictées par la philosophie et la raison. La
dîme ecclésiastique, qu'un homme de génie (1)
a qualifiée d'amende sur l'industrie, ne subsiste
plus : nos campagnes sont affranchies, et les
droits féodaux qui dégradoient notre terre et
les mains utiles qui la cultivoient, sont pour

____

(1) Mirabeau.

jamais anéantis. Ces bienfaisantes destructions ont rendu inutiles les volumineux recueils de jurisprudence dans lesquels le philosophe affligé ne contemploit que les outrages faits par l'orgueil à la foiblesse et à l'humanité.

Oublions toutes ces lois, si heureusement frappées d'inutilité et de mort ; mais songeons à en établir de claires, de fondamentales, de précises, qui n'aient plus besoin d'une interprétation journalière, et de ces décisions législatives dont le recueil surpasseroit bientôt celui de nos antiques in-folio.

Que les bons esprits se réunissent, que les hommes instruits et studieux présentent à une nation qui sera reconnoissante, les fruits de leurs sages méditations, pour accélérer cet important travail ; qu'ils cherchent dans leurs livres, non ce qui a pu exister autrefois avec une utilité quelconque, mais ce qui peut s'appliquer avec avantage à notre position actuelle, ce qui peut contribuer à faire oublier les anciens usages, et à faire chérir les principes fondamentaux du nouvel ordre social.

Les lois romaines sont, s'il est permis de s'exprimer ainsi, une mine féconde dans laquelle devront toujours puiser avec sagesse ceux que des circonstances favorables appellent à la noble et honorable fonction d'instruire les hommes et de les gouverner. Je n'ignore pas que des esprits distingués se sont élevés contre les compilations faites par ordre de Justinien,

et ont ridiculisé ce respect profond qu'on con-
servoit pour elles dans les écoles et dans les tribunaux. Si on veut réfléchir sur cette matière
avec l'application et les connoissances préliminaires qu'elle exige , on verra que cette cen-
sure, souvent fondée, tombe moins sur le corps
du droit romain en lui-même , que sur les in-
terminables commentaires qui ont tout défiguré,
sur les fausses applications de lois dont l'esprit
se trouve dans la nature du gouvernement
d'alors, et dans des usages absolument étrangers à nos mœurs.

Sans doute des hommes d'une érudition fausse,
plus dangereuse que l'ignorance , ont consacré
long-temps, au milieu de nous, des décisions
évidemment achetées dans le palais de l'empe-
reur. Ces prérogatives sollicitées et accordées à
de vils esclaves de la puissance et de la faveur,
les courtisans des rois les ont demandées et ob-
tenues. Ces titres à la main , des prêtres de l'é-
vangile ont grossi leur scandaleux trésor, et
sont devenus dangereux à leurs souverains.
De-là, cette puissance absurde et monstrueuse ,
qui , en ôtant à la puissance légitime le nerf
dont elle a besoin pour faire le bonheur de tous,
aigrit les peuples , et les prépare à ces révolu-
tions sanglantes qui brisent tout pour tout re-
créer.

Je n'ignore point que c'est dans ce code que
des hommes, lâchement et atrocement vendus
au pouvoir illimité d'un ministre vindicatif, ont

déterré cette loi infame qui égale les dangers des ministres à ceux des souverains, et qui punit de mort la non-révélation des complots tramés contre eux. Cette loi, dont il est impossible d'exprimer l'atrocité, fit périr Saint-Marc et son ami de Thou sous la hache flétrissante des bourreaux.

Je sais l'abus qu'on a souvent fait de ces lois; mais je sais aussi qu'elles n'ont eu lieu que par l'incurie ou l'ignorance de ceux qui avoient un intérêt immédiat d'y remédier. Il falloit extraire de ce code volumineux ce qui sera vrai dans tous les temps, dans tous les pays, et dans l'ordre social, quel qu'il soit, auquel des circonstances plus ou moins heureuses soumettent les hommes réunis.

La partie des conventions et des contrats n'est nulle part traitée avec autant de précision et de sagesse. On y trouve cette vérité fondée sur la connoissance des hommes, et sur l'expérience de toutes les affaires civiles agitées pendant long-temps au milieu d'un peuple civilisé. On ne peut en être surpris, quand on voit que ces lois sont extraites d'une longue suite de jurisconsultes qui presque tous ont exercé les plus importantes magistratures, et qui prouvent, dans un style élégant, et la profondeur de leur raison et leur amour pour l'ordre social d'une patrie qu'ils chérissoient. On trouve dans ces livres les questions que chaque jour les affaires font naître, prévenues et expliquées conformément aux règles de la plus sévère équité : elles embrassent presque toutes les conventions aux-quelles le rassemblement et la perpétuelle communication des hommes peuvent donner lieu. Nous devons regretter qu'elles ne soient pas plus étendues sur les affaires maritimes : mais ce qui nous en reste, prouve la sagesse de ce peuple qui puisoit chez les nations qui avoient mis une plus grande importance au commerce, les réglemens qui pouvoient en assurer le succès.

Lorsque la France étoit régie par un monarque, il étoit de son devoir de donner au peuple dont il avoit juré le bonheur, un code de lois uniforme et protecteur de toutes les classes, et sur-tout de la classe la plus nombreuse de ses sujets. Il étoit de son intérêt, toujours identifié à celui du plus grand nombre, d'exiger la destruction de ces nombreuses et divergentes coutumes qui s'opposoient à tout bien général, et qui empêchoient des mains bienfaisantes de rompre ces chaînes pesantes dont la rouille, en les usant, a seule délivré le peuple qu'elles accabloient. Deux grands hommes, dans les derniers siècles de la monarchie, avoient conçu le noble projet de faire ce beau présent au monarque et à la nation. Le chancelier l'Hôpital et le chancelier d'Aguesseau vouloient rendre notre législation uniforme ; et cette uniformité, soutenue par un monarque puissant dont le peuple eût connu la ferme volonté, eût nécessairement amené la destruction, et des droits féodaux, et des immunités ecclésiastiques, qui, depuis tant de siècles, outrageoient la saine philosophie et la raison.

Les efforts de ces respectables magistrats furent inutiles : les seigneurs, les évêques et les parlemens, effrayèrent les monarques, en représentant comme des sources de désordres ces changemens qui eussent fait leur force et leur sûreté. La féodalité offrit toujours l'image du plus absurde et du plus dégoûtant orgueil; la hiérarchie ecclésiastique et la distribution de ses richesses, celle du contraste le plus révoltant de la pauvreté humble et occupée, et de l'opulence oisive jointe à l'insultante grandeur.

De nos jours, un ministre dont la mémoire ne périra point, qui avoit pour l'humanité cette passion qui absorbe toutes les autres, et que ne peuvent concevoir les ames vulgaires occupées de leurs petits intérêts, Turgot, voulut, par des moyens sages, détruire la féodalité; il voulut ramener le royaume à une administration raisonnable, confiée aux propriétaires, et indépendante de quatorze cours souveraines qui ne s'accordoient sur rien, si ce n'est pour s'opposer à toute amélioration ; il voulut détruire la corvée, ce travail dégradant fait par la triste indigence, pour les plaisirs du riche et pour son utilité.

On a vu de quels dégoûts fut abreuvé cet honnête et vertueux citoyen : les temples de la justice retentirent contre lui des cris prolongés

A 4

des préjugés et de l'orgueil ; sa sagesse fut appelée folie, et il fut écarté comme un visionnaire qui vouloit détruire la monarchie par ses fondemens. Dès-lors, fut prévue par tous les bons esprits cette secousse terrible qui a englouti le trône et les imprudens qui, à son ombre, outrageoient un peuple brave et généreux ; secousse qui a violemment ramené au milieu de nous le respect dû aux hommes, la dignité nationale et l'égalité des droits.

Ecartons le souvenir des malheurs qui ont si long-temps désolé notre malheureuse patrie. L'orage qui a tout détruit, ne gronde plus ; une saison nouvelle va couvrir notre terre d'abondantes moissons dont notre sagesse demandera au ciel et obtiendra de lui l'heureuse conservation. Cette liberté que nous avons si chèrement achetée, ne la laissons pas échapper, et, pour conserver cette divinité tutélaire, entourons-la des institutions civiles qui marchent d'accord avec notre constitution, et qui nous conduisent ensemble à cette paix sociale à laquelle désormais nous aurons tous le droit de concourir.

On ne peut trop répéter que la tranquillité intérieure dépend de la sagesse des lois civiles, de leur force et de leur stabilité. Donnez-nous un code civil, crient tous les Français. A ce cri, les vrais amis de la patrie doivent s'agiter, s'empresser de concourir à cet ouvrage nécessaire, et présenter le tribut de leurs connoissances et de leurs talens. Nous sommes dégoûtés de ces longs discours de tribune qui ont pu être utiles en débutant, mais dont on a fait depuis un si étrange abus. Nous demandons aujourd'hui, comme ce géomètre, qu'est-ce que cela prouve? à quel réglement utile cela peut-il aboutir? Nous ne voulons plus de vaines phrases ; nous demandons des lois positives, et nous les demandons au nom de la liberté, pour la tranquillité de tous les citoyens.

On ne trouvera dans cet écrit que des vues générales sur un point important de notre législation. Il pourra suggérer quelques idées utiles à nos législateurs. Si elles sont jugées saines et conformes à l'esprit de notre constitution et de notre gouvernement, les lois de détail en découleront comme de leur source : j'aurai atteint mon but et rempli la tâche que les circonstances imposent à tout bon citoyen.

CHAPITRE PREMIER.

De la Marine nationale dans les temps antérieurs à la révolution.

LORSQUE la France se détacha de l'Empire romain, sa position à l'égard des peuples guerriers dont elle étoit environnée, la puissance précaire de ses rois, les partages qui affoiblissoient le royaume en rompant l'unité, ne lui permirent pas de s'occuper du commerce maritime, et de créer une marine nationale qu'il nécessite toujours. L'histoire des rois des deux premières races n'offre rien qui puisse faire présumer qu'elle ait tenté le moindre effort pour imiter l'industrie des peuples commerçans dont sa négligence la rendoit tributaire. Elle n'opposoit que la valeur de ses soldats aux ennemis qui traversoient les mers pour piller et dévaster son territoire. L'historien Vély rapporte qu'un prince danois débarqua sans résistance, et ravagea une grande étendue de pays. Thiéry envoya contre lui son fils Théodebert, qui tua de sa main le chef de l'entreprise, et mit dans l'obligation de se rembarquer les ennemis peu nombreux qui échappèrent au fer de ses soldats. Il n'est question d'aucun combat naval, ni d'aucun mouvement maritime qui ait précédé ou suivi une pareille invasion.

Charlemagne, plus grand que son siècle, et dont le puissant et prévoyant génie savoit pourvoir à tout, voulut prévenir sans doute de semblables dangers. Jaloux de sa puissance, et attentif à n'y laisser porter atteinte d'aucun côté, il fit construire une quantité prodigieuse de vaisseaux, et en borda toutes ses côtes. On ne découvre pas ce que tout cela devint dans les désordres des règnes qui suivirent le sien, et les réglemens maritimes que dut faire alors ce grand homme, n'ont pas été conservés; ils n'ont eu que l'intérêt et l'utilité du moment. Ces grands efforts maritimes ont eu lieu sans doute dans les dangers de l'Etat : mais il est certain que le commerce de mer, dans les premiers siècles de la monarchie, étoit presque nul; qu'il n'y avoit ni ports ni havres bien entretenus pour la sûreté des navigateurs, et que la marine royale devoit périr, faute d'emploi.

La découverte du Nouveau Monde, au commencement du seizième siècle, changeant tout-à-coup les rapports commerciaux du monde, força les grandes puissances à fixer leur attention sur le commerce maritime, source nouvelle de richesse et de prospérité.

Les Espagnols et les Anglais nous devancèrent, et dès les premières années du seizième siècle, ces peuples eurent une marine nationale à peu près réglée, à laquelle pendant long-temps nous n'eûmes rien à opposer.

Henri IV qui avoit appris à connoître les hommes et les affaires à l'école de l'adversité, et qui ne devoit sa couronne qu'à sa sagesse et à sa valeur, connoissoit l'utilité du commerce et sa nécessité. On peut voir dans l'histoire de ce monarque les grands desseins qu'il avoit conçus pour assurer à la nation française l'importance commerciale que doivent lui donner la richesse de son sol et la nature de sa position. Je suis entraîné par mon sujet, et les longues dissertations seroient ici déplacées. Je dirai simplement, qu'il favorisa les compagnies de commerce, nécessaires dans les commencemens; qu'il leur accorda des priviléges propres à les encourager, tant pour les Indes Orientales que pour les îles du nouveau continent. Son ambition principale étoit de donner une grande extension à notre pêche sur les côtes septentrionales de l'Amérique, parce qu'il avoit compris que là devoit être la pépinière de nos meilleurs matelots. On sait comment le poignard d'un assassin fit disparoître et ce prince et ses projets.

Les troubles qui agitèrent le royaume pendant les premières années du règne de Louis XIII ne permirent pas de s'occuper de la marine, jusqu'à l'époque du ministère du cardinal de Richelieu. Ce ministre fameux eut lui-même trop d'affaires pour appliquer sa puissance et les ressources de son génie, à cette intéressante partie de l'administration. Il étoit assez embarrassé à frapper sans cesse sur le pouvoir féodal, et à diminuer les prétentions absurdes des grands seigneurs, également outrageantes et pour la nation et pour le roi. D'ailleurs les guerres perpétuelles du continent l'occupoient sans relâche; elles épuisoient le trésor.

Cependant il étoit trop habile pour abandonner le commerce à des peuples rivaux; il songeoit à rendre respectable la puissance maritime de la France, et cela se voit dans les ordonnances publiées dans les derniers temps de son administration, ainsi que par les réglemens préparés par lui, et qui se trouvent manuscrits dans la bibliothèque nationale, où il est facile de le vérifier.

Le règne de Louis XIV est la véritable époque de la formation de notre marine et de sa grandeur. Le cardinal Mazarin avoit laissé pourrir dans nos ports les vaisseaux peu nombreux dont son prédécesseur avoit ordonné la construction; Louis XIV, en prenant les rênes du gouvernement, ordonna de les réparer. Il avoit résolu de créer une marine, de donner au commerce la plus grande extension, et de faire respecter les armes de la France dans tout l'univers. Il annonça cette résolution inébranlable dans un temps où notre puissance maritime encore peu assurée, pouvoit courir des dangers. Dès l'année 1665, il défendit à ses amiraux de baisser leur pavillon devant les vaisseaux du roi Charles II, qui fit d'inutiles réclamations. Une égalité par-

faite fut à cet égard établie entre les deux nations.

Les magnifiques ouvrages construits pour la gloire et pour l'utilité de la marine dans les ports de Brest, de Rochefort et de Toulon, attestent la bonté de l'administration alors établie pour parvenir à la grandeur.

Des écoles de marine présidées par d'habiles maîtres furent établies dans tous les ports. On travailla à ces réglemens utiles qui affermissent l'ordre, et maintiennent cette discipline sans laquelle tout périt dans l'anarchie et dans la confusion. On publia cette ordonnance fameuse de 1681, dont toutes les nations commerçantes s'empressèrent d'adopter les principales dispositions. Toutes ces lois portent l'empreinte de la sagesse et de la raison, et doivent être adoptées, abstraction faite de ce qui tient aux préjugés de féodalité et de noblesse, dont notre terre est délivrée à jamais.

Louis XIV discernoit les hommes supérieurs dans chaque partie de l'administration, et savoit les employer. L'habileté de ceux qui présidoient aux affaires du commerce et qui en ordonnoient, est consignée dans tout ce qui fut réglé pour sa gloire et pour sa prospérité. Les préjugés féodaux et ecclésiastiques n'entroient point dans leur esprit ; cela se connoît à leurs œuvres, et se voit principalement dans l'arrêt du conseil, en date du 11 janvier 1786, année qui suivit celle où fut prononcée la désastreuse révocation de l'édit de Nantes. Cette loi de mort, dictée par des prêtres imbécilles ou furieux, en réduisant les protestans au désespoir, éloigna du territoire français une quantité prodigieuse de citoyens utiles et industrieux. Le mal se fit immédiatement sentir, et les hommes d'Etat qui n'avoient pu résister à cette bourasque ecclésiastique, en cherchèrent le remède dans les lois éternelles de la politique et de la raison. La révocation de l'édit de Nantes eut lieu dans l'année 1785, et en 1786 parut cet arrêt du conseil dont je parle. Il permet aux étrangers de *toute religion*, de commercer en France, d'y former des établissemens et de s'y marier. Il leur donne de plus la faculté de se retirer avec leurs richesses, à leur volonté.

Il faut convenir que pendant les belles années de Louis XIV, dans le cours de ces illustres victoires, dont l'éclat n'a cédé qu'à celui des armes républicaines triomphantes de l'Europe coalisée contre la liberté ; il faut convenir, disons-nous, que rien ne fut négligé pour assurer la puissance de la nation au dehors, et au dedans la meilleure législation que la France, régie par un monarque, pouvoit alors supporter. Prenons donc de ces lois sages ce qui peut s'allier avec notre gouvernement ; donnons - leur le développement que demande notre position nouvelle, le progrès des lumières, et les relations commerciales qui ont pris une plus heureuse extension.

Si donc, depuis la découverte du Nouveau-Monde, et celle du passage par le Cap de Bonne-

Espérance, le commerce lointain et maritime est inséparable de la richesse et de la prospérité de notre sol ; si l'idée de faire de nous un peuple agricole au milieu des nations riches et commerçantes qui nous environnent, ne doit entrer dans aucun esprit éclairé, notre code maritime est digne de toute notre attention. Le but de cet écrit est d'applanir cette route utile que nos législateurs se proposent de parcourir. Ce qu'un monarque a fait de grand pour l'utilité commune, doit être imité par des magistrats républicains : fait par eux, ce sera plus grand encore. Ces bienfaits présentés par des égaux auront un charme qu'ils ne recevoient point de la main d'un maître, et leurs intentions mieux secondées devront produire de plus heureux fruits.

CHAPITRE II.

Des Officiers de la Marine nationale, dans leur rapport avec le code civil.

Tout ce qui tient à l'organisation militaire de la marine, aux grades divers, à l'avancement des officiers, est étranger à cet écrit. C'est sans doute ce qu'il faudra régler avec plus de soin dans les temps prospères qu'amènera la paix. Dans les circonstances

circonstances où nous nous sommes trouvés, il a fallu agir, non d'après un ordre constant, mais d'après la loi suprême de la nécessité. Les chefs de notre marine et ses officiers principaux ont abandonné leur patrie, et cherché même dans le temps de leur roi, un asile coupable chez nos mortels ennemis, qui ont souri à leur ruine sur le rivage de Quiberon.

On a été obligé d'appeler au commandement de nos flottes des hommes remplis de courage et de bonne volonté, mais ne possédant point cette tactique à laquelle le courage ne peut suppléer, lorsque le combat n'est pas singulier et qu'il faut diriger les mouvemens des escadres ou de plusieurs vaisseaux. Les victoires navales de nos ennemis ne peuvent donc être que momentanées, l'instruction et l'expérience donneront à nos marins la faculté de déployer avantageusement un courage naturel aux Français, et qui a couvert de leurs victoires tout le continent. C'est l'ouvrage du gouvernement : lui seul a les connoissances techniques et sûres d'après lesquelles il conviendra d'agir et pour l'utilité du moment et pour celle de l'avenir.

Je lui soumettrai seulement ici, ainsi qu'à nos législateurs, une considération puissante et délicate dans les circonstances où nous nous trouvons. Sera-t-il permis à un officier gradué dans la marine nationale, de faire le commerce et de commander en temps de paix des navires marchands ? La solution de cette question est d'une

B

grande importance, et tient essentiellement à la législation maritime qu'il convient de nous donner.

La distinction qui existoit sous la monarchie entre la marine militaire et la marine marchande étoit ridicule et insupportable ; tout le monde en convient : mais elle tenoit à des institutions radicalement détruites au milieu de nous. On n'a plus rien à redouter d'un orgueil aussi puérile que révoltant. La gloire de défendre son pays ne deviendra plus un droit de naissance ; il sera accordé, par le gouvernement, aux lumières et aux talens ; seule distinction raisonnable et conforme à l'intention du pacte social.

Si on n'avoit pas été témoin de l'orgueil indomptable de ce corps indiscipliné, on seroit tenté de prendre pour des fables ce qu'en ont écrit ceux qui dans le temps eurent le courage de l'en accuser. Nous les avons vus mépriser leurs amis, et même leurs frères, attachés à l'armée de terre, et servant l'état dans d'autres corps. Leur obéissance, même aux ordres du monarque, étoit subordonnée à ce qu'ils appeloient l'honneur et la délicatesse du corps. Ils regardoient comme un officier indigne de figurer parmi eux, le comte d'Estaing, ce véritable ami du peuple et des matelots, et presque le seul de nos amiraux qui inspirât à l'Angleterre un véritable effroi. Ils calomnioient ses vertus, ils l'abandonnoient dans les combats.

Dans l'écroulement général de l'ancien édfice social, ce côté, plus pourri que les autres, devoit naturellement tomber en poussière. Dans le bienfaisant système de l'égalité des droits, la route de la gloire doit, sur mer comme sur terre, être ouverte à tous les citoyens; il ne peut y avoir aucun doute à cet égard : les instructions publiques et les examens qui les suivront, appartiendront à tous ceux qui voudront consacrer leurs enfans au service de mer. Il ne faut pas se dissimuler que toutes les nations qui ont voulu avoir un commerce maritime et une marine pour le protéger, ont senti la nécessité de faire commencer dès le plus bas âge, le service pénible de la mer, afin de rendre l'art des manœuvres en quelque sorte comme naturel, et de fortifier le corps contre la rigueur de l'élément (1).

Les écoles publiques d'instructions maritimes, ne devront donc être ouvertes qu'aux enfans qui auront fait un certain nombre de voyages. Cela se pratique avec succès parmi les Anglais, qui, instruits par une longue expérience, ont adopté une si salutaire institution. L'âge de sept à huit ans est le plus propre à recevoir ces premières impressions, qui ne s'effacent plus ; à donner au corps cette souplesse qu'exige un service pénible, hasardeux, souplesse à laquelle le plus grand dévouement et le plus grand courage ne sup-

____

(1) *Scientia enim marina exercitio. Ut omnia artificia et disciplinæ* ▓▓▓▓▓▓▓ *et incrementa accipiant* (*L.* 65 *de leg.*)

pléent point. Cette première navigation de l'enfance auroit un double but, et les parens choi-
siroient pour leurs enfans, ou leur laisseroient
la faculté de choisir entre les études relatives au
commerce, et celles propres à former des guerriers habiles dans la tactique militaire et dans la
direction des combats.

On sent bien que cette première navigation,
dans un âge si tendre, ne seroit pas de rigueur,
et que si les circonstances, ou le goût plus tar-
dif, en reculoient l'époque, on seroit également
admis aux examens qui ouvrent la carrière : mais
alors on devroit établir des régles plus rigou-
reuses encore, afin de s'assurer des véritables dispositions des candidats, et de ne pas prendre
pour une vocation décidée, l'effet de l'incons-
tance ou d'un goût passager. Au reste, on dis-
tingueroit toujours ceux que les premières habi-
tudes auroient, pour ainsi dire, naturalisés avec
l'élément, qui demande des corps endurcis de
bonne heure aux travaux et aux fatigues aux-
quelles il expose à tous les instans.

On a permis aux officiers, dans ces derniers
temps, de passer du service national au service
marchand : il est inutile de détailler ici les raisons qui ont déterminé le gouvernement ; il suf-
fit de fixer son attention sur les circonstances
extraordinaires dans lesquelles nous nous trouvons.

Lorsque des temps plus permettront
de faire sur la marine, d'invariables réglemens,

pourra-t-il être permis à un officier gradué dans la marine nationale de commander une expédition marchande, et d'en trafiquer les marchandises, en qualité de géreur? Je ne le crois pas. Les inconvéniens qui pourroient en résulter, se présentent en foule. Je me bornerai à en indiquer les principaux.

Le traitement des officiers doit leur fournir les moyens de vivre d'une manière honorable, et leur première éducation supposera ordinairement, au moins, un petit patrimoine, qui augmentera l'aisance qui convient à la dignité de leur profession. Dans cette position, les pensées mercantilles qui, d'ordinaire, absorbent tout l'esprit, ne doivent pas les occuper. Ils doivent connoître la science du commerce sans doute; il est le nerf et la vie de leur état; mais ce doit être uniquement pour mieux servir la république et protéger plus efficacement les propriétés et les biens des citoyens industrieux qui enrichissent l'Etat. Les officiers de la marine nationale sont les protecteurs nés du commerce; et dans aucun cas, ils ne doivent être ses agens. La raison et la politique se réunissent en faveur de cette opinion.

On sait dans quelle dépendance des négocians qui entreprennent l'expédition, est le capitaine d'un navire marchand. Ses armateurs deviennent ses maîtres, au moins pendant le temps que sa fortune tient à leur volonté. Il se trouve des négocians, je le sais, qui ont cette délicatesse que donnent les principes généreux d'une bonne éducation. Mais dans cette carrière ouverte à tout le monde, on pourroit rencontrer des hommes auxquels une pareille autorité ne conviendroit pas. La dignité de l'état en souffriroit, et un homme accoutumé à commander au nom de la république à ses défenseurs, obéiroit mal aux caprices intéressés d'un calculateur.

On m'entendroit mal, si on concluoit de ce qui précède, que j'invite les officiers à ne point avoir pour le commerce, la considération que réclame son utilité. Au contraire, un gouvernement éclairé, et tous ceux qui avec lui coopèrent au bien général, doivent le favoriser par tous les moyens qui sont en leur pouvoir. Ne jamais gêner, ni contrarier ses opérations, laisser faire et laisser passer, suivant la réponse d'un homme de génie à un principal administrateur. Il faut laisser aux négocians leurs tables somptueuses, leurs équipages et leurs voluptueuses maisons. La récompense des richesses est dans les richesses elles-mêmes, dit Montesquieu. J'ai voulu seulement dire avec lui, qu'il y a une considération autre que celle de l'or; considération que doivent conserver avec le plus grand soin ceux qui sont appelés au glorieux emploi de défendre l'Etat; que la dignité et le noble salaire attachés à leur rang, doit suffire à leur ambition, qui ne doit chercher à s'accroître que dans la carrière de la gloire, qu'ils doivent uniquement parcourir.

L'exercice du commerce donne pour le gain

une avidité qui seroit mal contenue dans les occasions où elle pourroit devenir dangereuse pour l'Etat. On a vu des capitaines commandant des vaisseaux de guerre, pour profiter du prix considérable du fret, surcharger tellement leur bâtiment, qu'il cessoit d'être propre au combat, et devenoit facilement la proie de l'ennemi. Un officier accoutumé aux entreprises de commerce, y renonceroit difficilement, pendant la guerre, dont les chances présentent de plus grands profits. Alors que de dangers! mille retards résulteront de ses opérations commencées, dont il voudra connoître le résultat. Au lieu de tenir la mer, il restera dans le port, et laissera échapper l'occasion de battre l'ennemi, et de porter le trouble dans son commerce et dans ses possessions. Je pourrois ajouter un grand nombre de considérations non moins puissantes; elles naissent des précédentes, et le but de cet écrit est de les indiquer.

Il seroit donc prudent de défendre l'exercice du commerce aux officiers gradués dans le corps de marine nationale. Cette défense ne blessera en rien l'égalité des droits, qui est avec justice la base fondamentale de toute constitution raisonnable. La république, en donnant à tous les citoyens les mêmes droits à tous les emplois, a la légitime faculté d'y mettre les restrictions commandées par la dignité et par le salut de l'Etat.

L'égalité des droits sera d'autant moins blessée, que si les officiers de la marine nationale ne peuvent descendre, ceux de la marine marchande pourront toujours s'élever. Un homme dont l'éducation aura été négligée, ou par les circonstances, ou par la position de ses parens pendant les jours de son enfance, né dans des lieux situés à une longue distance de la mer, n'a pu profiter de cette première éducation maritime que nécessitent les réglemens : cependant il s'embarque au service des marchands ; son génie se développe ; il commande des corsaires, et fait des actions d'éclat. Certes, les récompenses et les dignités nationales sont dues à ce brave citoyen. Ce que Louis XIV, averti par l'opinion publique, fit en faveur de Jean-Bart, et de quelques autres marins qui ne devoient leur gloire qu'à la supériorité de leurs talens, notre gouvernement auquel la constitution doit donner ce droit, le fera avec reconnoissance. Les talens et les faits de guerre se feront jour, et recevront sans gradation l'illustration qui doit être leur prix. Seulement, comme autrefois, ils ne seront pas abreuvés de dégoûts par les officiers d'un corps superbe, qui trouvoient plus facile de devoir à la naissance qu'au mérite les places éminentes qu'ils regardoient comme leurs propriétés.

Du moment où l'officier marchand accepteroit le grade accordé par le gouvernement, il renonceroit à toute entreprise mercantille, et ne serviroit que sur les vaisseaux de l'Etat.

Il me semble donc qu'il seroit politique et raisonnable d'ordonner, par une loi, que tout officier de la marine nationale qui trafiqueroit sur mer pour compte d'autrui ou pour le sien, seroit, par ce seul fait, déchu de son grade, et privé des appointemens qui y sont attachés.

CHAPITRE III.

Des Capitaines marchands, dans leurs rapports avec les lois civiles maritimes; de leur responsabilité.

Je ne parle ici des capitaines marchands que dans le rapport qu'ils ont avec les lois civiles et avec les conventions et transactions qui ont lieu entre particuliers. Ce qu'on doit exiger d'eux, relativement à leurs connoissances maritimes, est l'objet de réglemens qui ne sont pas de mon sujet. C'est au gouvernement à établir de bonnes écoles de pilotage qui, sur ce point, assurent leurs études nécessaires et leur capacité.

On donne ordinairement le nom de patron ou de maître à ceux qui commandent les bâti-mens ou les barques qui font le commerce de cabotage et tout celui que nous ne désignons pas, sous le nom de commerce de long cours.

Leurs fonctions se bornent à recevoir à bord de leurs bâtimens les marchandises, moyennant un frêt réglé, et à les transporter d'un port à un autre port. Ils ont, dans les différens ports qu'ils fréquentent, des correspondans qui règlent, qui perçoivent le frêt, et qui se chargent, aux détails maritimes près, de l'embarquement et du débarquement de la cargaison. On peut considérer comme tels, non-seulement ceux qui conduisent les barques d'un port de la république à un autre port de la république, mais encore ceux qui, d'un port de la république, vont dans un des ports de la Baltique, de la Méditerranée et du Levant. Je sais qu'il y a quelquefois des exceptions à faire pour le commerce du Levant : mais alors s'adapteront naturellement à ces exceptions les lois que nous allons dire être nécessaires aux capitaines qui dirigent les voyages de long cours. Je n'ignore pas qu'on donne souvent le nom de capitaine aux maîtres et aux patrons ; mais c'est un usage vicieux, et la distinction que nous faisons ici, n'est ni moins juste, ni moins nécessaire. Ce qui va suivre nous en convaincra.

Les capitaines marchands qui dirigent les voyages de long cours, c'est-à-dire, aux Indes orientales et occidentales, ont toute une autre importance ; ils sont le plus ordinairement chargés de la vente des marchandises d'exportation prises dans les ports de la république, du recouvrement des deniers, et de l'achat des marchandises d'importation qui doivent composer les retours et déterminer le sort du voyage. Ils ont en main toute la fortune de leurs armateurs ; ils sont chargés d'une grande responsabilité : il est donc très-important que le code maritime règle d'une manière précise les conventions respectives qui doivent prévenir les querelles et assurer l'avantage commun.

Cette responsabilité du capitaine, il faut l'assurer dans toutes les positions et dans tous les points, par des lois sévères qu'il ne soit pas faciles d'éluder ; elles ne peuvent jamais être trop précises, ni leur exécution trop prompte. Ce qui compose le chargement d'un navire, est la cargaison, qui appartient aux armateurs et qu'ils lui donnent à gérer, et les marchandises prises à frêt, pour remplir la place dont les armateurs ne disposent pas. Les armateurs et les chargeurs ont un droit égal à la responsabilité du capitaine, qui a une facilité égale de disposer de leurs propriétés.

La marchandise que le capitaine reçoit pour la porter à sa destination, est un dépôt à la sûreté duquel le législateur doit veiller plus spécialement que sur les dépôts ordinaires. Il doit être plus assuré précisément, parce que le dépositaire a plus de facilité pour le violer, et en éluder l'entière restitution. Celui qui fait le dépôt, est bientôt dans l'impuissance de veiller sur lui, ainsi que sur le dépositaire. A la mer, et dans les lieux où il peut relâcher, le capitaine a en main tous les moyens et toute la puissance.

nécessaire pour disposer de tout ce qui se trouve sur son vaisseau. Son autorité est sans bornes : aussi, à Rome, le préteur jugeoit sévèrement les navigateurs infidèles. « Personne ne peut se » plaindre de cette sévérité, dit le législateur; » et si cela étoit autrement établi, on leur don- » neroit le droit de s'entendre avec des voleurs. » Le sort des chargeurs seroit toujours précaire, » puisque les fraudes des capitaines sont même » communes aujourd'hui, malgré la rigueur des » jugemens (1). »

Ce n'est donc pas aux fraudes que le capitaine peut personnellement exercer, que la loi doit borner son attention : elle doit la porter encore sur les intelligences qu'il a souvent pour ca- cher ses déprédations, soit avec des personnes de ses équipages, soit avec des personnes du dehors. La contrainte par corps doit avoir lieu contre les capitaines infidèles ; et en approfon- dissant cette matière, en appréciant tous les dangers, le législateur sentira peut-être que la contrainte par corps doit être exercée contre eux, non seulement lorsque le voyage est ter- miné, et dans les ports d'où ils sont partis, mais encore dans tous les ports de la république où ils pourroient se trouver par relâche ou autre- ment.

Il seroit utile même que le gouvernement au-

____

(1) *Nisi hoc esset statutum materia, daretur cum furibus adversus eos quos recipiunt cocundi : cùm ne nunc quidem abstineant hujus modi fraudibus.* (*Digeste L. 4. L. 9*)

torisât nos consuls dans les pays étrangers à s'assurer de leurs personnes, si leurs dilapidations étoient patentes, et si les propriétaires leur adressoient de justes réclamations. Nul doute que notre gouvernement n'obtînt des nations amies et commerçantes des facilités qui, en devenant respectives, assureroient l'intérêt commun.

Pour ne pas rendre illusoire et infructueuse cette responsabilité du capitaine, il est nécessaire qu'elle porte principalement sur lui, et que la loi ne connoisse à bord aucun employé par les armateurs ou par lui, sur lequel il puisse rejeter les fautes de négligence ou les crimes de déprédations. Nous voyons, dans les lois maritimes des anciens peuples qui sont parvenues jusqu'à nous, un préposé chargé de recevoir à bord du vaisseau les marchandises, de les inscrire sur un registre, d'en donner un reçu, et d'en rendre compte à l'arrivée au lieu de la destination. Cet officier étoit responsable, et à lui devoient s'adresser les réclamations des effets chargés. Il est facile de voir que cet usage n'a pu et dû s'établir que chez des peuples encore dans l'enfance du commerce, et dans un temps où les marins, bornés à l'exercice technique de leur profession, rendoient nécessaire, par leur défaut de lumières, un pareil établissement.

Ce partage de la responsabilité n'étoit pas bon, et à mesure que les relations commerciales augmentèrent, on sentit les nombreux inconvéniens qu'il entraînoit après lui. Aussi Ulpien, qui vivoit sous Alexandre-Sévère, c'est-à-dire, dans un temps où le commerce fait autrefois par les Carthaginois et par d'autres peuples, étoit exercé sous les lois et sous la protection de l'Empire romain ; Ulpien, disons-nous, après avoir parlé de ces officiers distincts du capitaine, ajoute dans la loi adoptée, au livre 4 et au titre 9 du digeste : « Si quelqu'un » de ces préposés a reçu les marchandises ; je » pense que l'action doit être donnée contre le » conducteur du vaisseau. . . . Cette jurispru- » dence est reçue parmi nous (1). » Un autre jurisconsulte a dit : « On a demandé si le ca- » pitaine est responsable des marchandises , si » l'écrivain n'en a pas tenu un registre exact. Il » l'est, s'il a choisi l'écrivain pour l'utilité de » sa navigation : il doit s'imputer à lui-même » d'avoir confié cet emploi à un homme si » négligent (2). »

Cette précaution de rendre le capitaine personnellement responsable, excepté dans le cas où la prudence humaine ne peut rien, peut être établie sans inconvénient dans le code maritime

---

(1) *Si quis igitur ex his receperit putò, in exercitorem dandam esse actionem et hoc jure utimur.*

(2) *Quæritur, an exercitator navis teneatur de mercibus, si scriba non recte adsignaverit? Adsit, si cum præposuit propter utilitatem navigationis, imputet enim sibi quod tali homini illud officium commiserit, qui parum diligens est.* (*Arg. l. 203 de r. l.*)

de notre république. Les examens sévères exigés par les lois, faits par d'habiles maîtres, et devenus nécessaires même pour commander un navire marchand, seront de sûrs garans des lumières de nos navigateurs. La loi peut, sans inconvénient, leur imposer des obligations dont ils sentiront toute l'étendue, et dont leur prudence préviendra les dangers.

L'écrivain dont parle l'ordonnance de Louis XIV, n'avoit lieu que pour suppléer, dans certains parages, à l'ignorance des marins qui ne savoient pas écrire. En ne recevant de capitaine et même de patron de barque, qu'avec cette connoissance première et indispensable, on remédiera sur ce point à toute espèce d'inconvénient. Des exceptions pourroient avoir lieu pour le commandement des corsaires et pour les exploits guerriers; mais ces exceptions, très-rares sans doute, annonceroient la règle et prouveroient sa nécessité. Le titre 3 du livre second de l'ordonnance de 1681, relatif à l'écrivain sera nul, et aucune application ne pourra en être faite par les tribunaux.

L'expérience de tous les temps prouve combien il est utile à la sûreté et à la propagation du commerce de protéger ceux qui confient leur fortune à des capitaines qui souvent leur sont inconnus. Il est juste que la loi les rassure et leur donne toute la latitude nécessaire pour faire valoir leurs droits. Les capitaines doivent donc être responsables de la chose qu'ils ont reçue, lorsqu'elle périt ou qu'elle a reçu quelque dommage ; lors même qu'on ne peut pas leur faire de reproches personnels ; à moins qu'une force imprévue et majeure n'ait occasionné l'accident (1).

Cette responsabilité du capitaine est juste ; elle est prescrite par la raison : elle doit être établie dans tous les pays où l'on cherche à faire fleurir le commerce, but qu'on ne peut atteindre qu'en veillant à sa sûreté. Le chargeur qui n'a pas des engagemens particuliers avec les armateurs, ne peut et ne doit connoître que le capitaine, qui seul a la faculté de veiller sur ses agens. Il est de son intérêt et de son devoir de prendre des informations exactes sur leurs lumières, leurs mœurs, et leur fidélité dans l'exercice des fonctions de leur état. C'est à lui à les bien choisir ; et si le choix est fait par les armateurs, à refuser le commandement, si la probité de ses officiers lui paroît suspecte.

Mais si le capitaine est responsable, il est juste que les lois le favorisent de tout leur pouvoir, dans le recours qu'il doit naturellement avoir contre le préposé infidelle ou négligent. Ceux qui rédigeront notre code, devront lui donner à cet égard, les facilités les plus grandes, soit par la préférence de l'exercice de la contrainte

---

(1) *Omnimodo qui recepit tenetur etiam si sine culpâ ejus res periit aut damnum datum est , nisi si quid damno fatali contingit.* (*Dig. l. 4. ti. 9.*)

par

par corps, soit par une hypothèque spéciale sur les biens.

Il suit de ce qui précède, que si le capitaine est insolvable, les chargeurs peuvent poursuivre solidairement ceux qui sont reconnus, ou par le capitaine, ou par les autres personnes de l'équipage coupables des dommages dont on se plaint.

Il est bon de remarquer que la loi romaine, qui est si sévère pour assurer la responsabilité du capitaine à l'égard des chargeurs, le délivre de toute poursuite pour les dommages que les matelots et les autres gens de l'équipage pourroient s'occasionner entre eux. La raison en est naturelle : ils peuvent veiller eux-mêmes à la sûreté de leurs effets, et se défendre contre les fraudes de leurs compagnons. On ne doit pas oublier de faire dans notre code cette distinction qui évitera des querelles et des procès (1).

____

(1) *Sed si quid nautæ inter se damni dederint, hoc ad exercitarem non pertinet.*

C

CHAPITRE IV.

Les Capitaines, et non les Armateurs, doivent être responsables des marchandises chargées à frêt, à moins que ces derniers n'ayent donné des ordres postérieurs au chargement, et desquels le dommage aura résulté.

CE que nous venons de dire, prouve la nécessité de rendre le capitaine responsable des choses qui lui sont confiées, et qu'il se charge de transporter. Voyons si, d'après les lois nécessaires de l'instruction préalable des marins ; si, d'après les examens sévères qu'ils subissent devant des maîtres habiles, avant d'être inscrits sur le régistre qui leur donne le droit de commander ; voyons si les armateurs doivent répondre du fait des capitaines qu'ils choisissent, et auxquels ils confient la direction de leurs affaires et la conduite de leurs vaisseaux.

La loi romaine rendoit le propriétaire responsable des actions de celui qu'il préposoit à la conduite de son vaisseau. Elle se fondoit d'abord sur le traité préalable fait ordinairement avec ce propriétaire, sur l'ignorance où étoient les chargeurs de la probité et des lumières du conducteur. « La nécessité de la navigation, » dit le législateur, nous force de contracter » avec les capitaines ; mais comme nous ne le » connoissons pas, il est juste que celui qui » lui a donné le commandement du vaisseau, » soit responsable de ses faits (1). »

Il faut approfondir l'esprit de cette loi, et voir si elle doit être admise dans le code de notre république. Chez les Romains, la navigation étoit peu étendue : elle n'avoit lieu que d'un port à un autre port peu éloigné. Il existoit une relation facile entre le propriétaire du navire et celui qu'il préposoit à son commandement. Lorsque les capitaines ne réunissoient pas à leur qualité de conducteur celle de propriétaire, les navires étoient ordinairement confiés à des hommes qui tenoient à la maison de celui auquel le navire appartenoit : ils étoient ou ses affranchis ou ses esclaves. Il régnoit ordinairement entre eux une intelligence dont il étoit utile de prévenir les dangers. Le législateur étoit convaincu que le propriétaire connoissoit l'homme qu'il employoit, ou bien il établissoit la nécessité d'acquérir cette connoissance, et d'avoir une surveillance, facile alors,

---

(1) *Nam cum interdum ignari cujus sint conditionis vel quales, cum magistris, propter navigandi necessitatem contrahimus ; æquum fuit eum qui magistrum imposuit teneri.*

et devenue impraticable par la nature de notre navigation.

Les voyages de long cours aux Indes orientales et occidentales, font naître d'autres usages et nécessitent d'autres lois. Le capitaine ne peut plus être sous la surveillance de l'armateur, qui le perd de vue pendant plusieurs mois, et souvent pendant des années entières. Aussi, d'après la découverte du Nouveau-Monde et le passage aux Indes orientales par le Cap de Bonne-Espérance, les nations modernes commerçantes ont senti la nécessité de donner aux armateurs et aux chargeurs une garantie publique de l'éducation et des lumières des capitaines marchands qui sont soumis à des examens devant d'habiles maîtres, choisis et établis par le gouvernement. L'examen et la réception à l'emploi de capitaine assurent, autant que la prudence humaine peut le faire, la capacité et la probité du capitaine, que l'armateur ne peut prendre que parmi ceux qui ont reçu du gouvernement cette espèce d'adoption.

Si cet agent se corrompt dans la suite ; si, dans les affaires, on lui reproche avec justice, ou sa mauvaise foi, ou son infidélité, l'armateur qui lui confie sa fortune, est ordinairement la première victime, et court les plus grands dangers. Les voyages de long cours deviendroient impraticables, si l'armateur répondoit des marchandises confiées au capitaine, par des personnes étrangères à l'expédition.

L'armateur peut être responsable, dans le cas où ses ordres donnés au capitaine, postérieurement au chargement, auroient occasionné quelque préjudice, par le retard ou par le changement de la première destination : encore cela doit-il dépendre des circonstances. Il faut que le capitaine se soit trouvé dans une position qui le mît dans la nécessité d'obéir : autrement, pour éviter tout procès en responsabilité, il doit renoncer au commandement, et signifier les actes nécessaires, si, après la signature des connoissemens, on veut l'envoyer dans un lieu qu'ils ne désignent pas.

Il est nécessaire que la loi s'exprime clairement à cet égard : une fausse application de la loi romaine a souvent égaré nos tribunaux.

En parlant des capitaines et des armateurs, on voit que je ne m'occupe pas des choses de forme, si supérieurement réglées par l'ordonnance de 1681 ; je fais envisager le fond du droit qu'elle n'a pu régler.

CHAPITRE V.

Des Lois maritimes, dans les rapports qui doivent exister entre les Capitaines et les Armateurs.

D'APRÈS ce que je viens de dire sur la nécessité de rendre le capitaine responsable de la cargaison qui lui est confiée par les armateurs, et des marchandises chargées à frêt à bord de son bâtiment, on sent qu'à lui seul doit appartenir le choix de son équipage et des officiers qui doivent agir sous ses ordres, soit pour le commerce, soit pour la navigation.

Les armemens qui se font dans nos ports, soit pour nos îles, soit pour le continent oriental, sont entrepris et dirigés par des maisons de commerce établies dans ces ports. Lorsque ces négocians ont des associés ou des correspondans de confiance dans les lieux où le navire doit traiter et prendre ses retours, le capitaine n'a que des obligations faciles à remplir. Sa mission consiste à remettre avec fidélité à ces maisons de commerce les papiers qui constatent l'état de son chargement, ainsi que les marchandises spécifiées sur cet état. Il doit les mettre à terre telles qu'il les a reçues, si sa navigation a été heureuse, ou avec les procès-verbaux propres à établir les avaries, si les gros temps ont pu en occasionner. Tout ce que doit faire le capitaine, dans une semblable position, est prescrit par l'ordonnance de 1681, et par les réglemens qui l'ont suivie. Le capitaine employé pour un voyage de long cours, est alors assimilé à un patron de barque qui transporte les marchandises d'un port à un autre, et qui est uniquement chargé de la police de son bâtiment.

Ce qu'il doit faire est écrit dans les lois qui subsistent, et doit être sanctionné dans notre code civil. Je veux parler ici du cas le plus ordinaire, de celui où les armateurs chargent le capitaine de leurs affaires, c'est-à-dire, de la vente des marchandises d'exportation qu'ils lui confient, et de l'emploi de leur produit en marchandises d'importation ou de retour.

Ou le navire appartient en entier au capitaine, avec sa cargaison;

Ou il a un intérêt quelconque, soit dans le navire, soit dans la cargaison ou les affaires de l'armement;

Ou, enfin, il est chargé des affaires, moyennant des appointemens convenus pour toute la durée du voyage; ou bien il lui est alloué tant pour cent sur la vente des marchandises et sur les achats pour les retours.

Dans le premier cas, le capitaine étant propriétaire et armateur, gère à sa fantaisie : il n'a de compte à rendre à personne, et il n'est tenu

qu'à l'observation des lois et des réglemens re-
latifs à la police de rivière et de mer qui le
concernent, ainsi que tous ceux qui lui sont su-
bordonnés ; seulement, dans le port d'où part
l'armement, il doit fournir une caution qui assure son retour dans le même port, ou dans un
de ceux de la république qu'il voudra choisir.

Ce que je vais dire ne doit pas paroître minutieux. De l'ordre établi dans les conventions
premières, résulte la tranquillité sociale à laquelle tend le législateur : cet ordre prévient les
procès et les querelles. La loi doit s'adapter aux
formes reçues et aux usages établis parmi nos navigateurs. Le capitaine, d'après la pratique journalière de nos ports, est le pivot sur lequel
tourne toute notre navigation. C'est sur les conventions respectivement stipulées entre l'armateur et lui, que repose la sûreté du commerce
dans les voyages de long cours. Si l'ignorance
ou l'insouciance ne les stipulent pas, la loi
doit les prescrire, et c'est l'objet de ces réflexions : son silence, à cet égard, est journel-
lement nuisible; et notre nouveau code doit
s'expliquer.

Il est admis par l'usage ; mais la loi doit ordonner spécialement que, dans le port où se
fera l'armement, une seule maison de commerce
sera reconnue pour le commencer, le diriger
et le terminer.

Il faut que le capitaine n'ait à répondre de
sa conduite qu'à l'armateur qui lui délivre et qui

signe ses expéditions. Les intéressés mêmes pour
la plus considérable partie de l'armement, n'ont
aucun ordre à lui donner, aucun compte à lui demander. Jamais la loi, quels que soient leurs titres,
ne doit leur accorder aucune action contre lui. Ces
intéressés à l'armement ne doivent agir que par
l'organe de l'armateur, tant qu'il n'est pas en
faillite : ils ont leur recours contre lui, ils l'ont
contre les syndics nommés, dans le cas où ils
croiroient leurs intérêts compromis. La loi doit
s'expliquer formellement à ce sujet, parce que
les personnes peu expérimentées qui débutent
dans le commerce de mer, tombent souvent,
sur ce point, dans des erreurs qui compromettent
leur repos et leurs intérêts.

Les conditions qui auront lieu entre l'armateur et les autres intéressés au navire ou à la
cargaison, doivent être absolument étrangères
au capitaine : il ne reconnoîtra que l'armateur
pendant le chargement dans le port, pendant
la traite de la cargaison et les autres opérations,
jusqu'au désarmement complet. A cette époque,
les intéressés demandent les comptes : mais l'action contre le capitaine doit toujours être diri-
gée par l'armateur, et intentée en son nom.

Si le capitaine a un intérêt quelconque dans
le navire ou dans la cargaison, il doit être, à
l'égard de l'armateur, dans une position semblable à celle de tous les autres intéressés : il
doit rendre un compte fidèle de tout, même de
la portion qui constitue son intérêt, sans que

jamais il lui soit permis de se payer par ses mains, et de se rien approprier. La loi ne peut être trop sévère à cet égard, et il est facile de sentir cette nécessité.

Dans tous les cas, cette prétention du capitaine seroit nuisible au bien général, et susciteroit mille procès.

L'armateur doit un compte général à tous les intéressés, et il ne pourroit être fidèle, si le capitaine s'appliquoit, pour représenter son intérêt, la vente de telle portion des marchandises, ou l'achat de telle autre, destinée à faire partie des retours.

Il faut prévenir les maux infinis qu'ont causés et que causeroient encore de pareilles prétentions. L'obligation la plus stricte doit être imposée au capitaine, de remettre fidellement entre les mains de l'armateur les comptes de dépenses, de ventes et d'achats, ainsi que les créances et les titres qui les constatent ; enfin le résultat de tout l'armement. Si l'armateur est en faillite, il agira de la même manière auprès des syndics chargés des affaires, au nom de la pluralité des créanciers.

Les personnes qui ont été versées dans les affaires d'amirauté, sentiront l'importance de ce qui vient d'être dit dans ce chapitre, tant pour l'intérêt du commerce que pour celui de ses agens.

CHAPITRE VI.

Des Contrats à la grosse.

CHEZ tous les peuples policés, le législateur a cherché à mettre un frein à l'usure et des bornes à l'intérêt énorme que des hommes avides exigeoient souvent de ceux qui avoient recours à des emprunts. L'avarice a toujours trouvé mille moyens d'éluder la loi; et le débiteur pressé par la nécessité, a toujours offert une victime facile à ces ames de bronze qui calculent froidement la ruine de leurs concitoyens. Si ces fraudes convenues ont été, dans tous les temps, à l'abri des atteintes de la loi, au moins l'intérêt des sommes dues par obligations publiques, a constamment été fixé; et c'est d'après cette fixation que prononcent invariablement les arbitres et les tribunaux.

Dans les contrats ordinaires, l'intérêt de l'argent est très-modéré. Les juges, en cas de différend, ne l'allouent qu'au prix fixé par la loi, et les stipulations qui l'excéderoient, seroient souvent annullées par leurs décisions.

Les peuples navigateurs ont établi un contrat particulier au commerce maritime, dans lequel il a été permis de stipuler des intérêts qui, au premier coup-d'œil, paroissent exhorbitans; mais l'étonnement cesse, lorsqu'on a une connoissance exacte de la nature de ce contrat et des risques que court le porteur.

Les bénéfices considérables que présente et que donne souvent le commerce maritime, permettent de donner un intérêt qui excède celui des autres transactions. Comme la ruine de l'emprunteur seroit presque certaine, si le navire sur lequel l'argent est prêté, venoit à périr, la loi a sagement établi que l'argent prêté et employé est aux risques du prêteur, et que le capital et l'intérêt ne sont dus qu'après le retour du navire et la consommation du voyage(1). C'est le contrat que nous connoissons parmi nous, sous le nom de contrat à la grosse ; c'est celui dont il est parlé dans les lois romaines, au titre *de nautico fenere*, de l'usure maritime.

On voit quelle est l'utilité de ce contrat, et combien il importe à la prospérité du commerce d'en bien régler les formes, et le droit qui en découle naturellement. L'ordonnance de 1681 s'explique sur les formes, et pose les principes fondamentaux du droit : on ne peut mieux faire à cet égard.

Elle défend, sous des peines graves, de

---

(1) On peut également stipuler que l'argent prêté à la grosse, sera payé avec l'intérêt, au lieu où doit d'abord se rendre le navire, sans attendre son retour dans le port d'où il est parti.

prendre au-delà de la valeur du navire et du chargement;

De donner à la grosse sur les loyers des matelots, si ce n'est en présence et du consentement du capitaine.

Elle établit une distinction entre l'argent pris pour les nécessités du voyage, et celui pris pour le chargement, avec l'hypothèque spéciale qui en dérive.

Elle autorise à prendre à la grosse pour compte des propriétaires et intéressés qui auront refusé de fournir leur contingent.

Elle préfère le prêteur pour le dernier voyage, au prêteur même, par renouvellement des voyages antérieurs.

Elle assujettit à une contribution les donneurs à la grosse, pour avaries et autres accidens de mer.

Elle réduit en cas de naufrage, le contrat à la valeur des effets sauvés.

En cas de concurrence, elle donne la préférence sur l'assureur au donneur à la grosse, pour son capital seulement.

Voici ce qu'on pourra ajouter dans notre nouveau code et y développer successivement.

Il faut, pour la sûreté du prêteur à la grosse, qu'il ne puisse pas s'écarter de ce qui est convenu sur la nature du voyage, et sur la nature des opérations commerciales qui doivent avoir lieu jusques au moment où il sera terminé. Les empereurs Dioclétien et Maximilien déclarent déchus des avantages de ce contrat, un emprunteur à la grosse, dans le cas suivant, rapporté au code (*de nautico fenere*). L'emprunteur avoit déclaré que le navire iroit négocier en Afrique. Il se rendit à Salonne, où il chargea des marchandises de contrebande, qui, à son retour, furent confisquées au profit du fisc. Les empereurs disent : « La raison ne permet pas de faire supporter au » prêteur la perte des marchandises qui ont été » enlevées, non par la violence de la tempête, » mais par l'ardente avarice, et par l'audace du » débiteur. »

Il faut ordonner avec la plus grande rigueur, que l'hypothèque de l'argent prêté à la grosse, sera spéciale sur le navire et sur les marchandises qui composèrent son chargement, et que sous aucun prétexte elle ne pourra s'étendre, même en cas d'insuffisance, sur d'autres navires et sur d'autres chargemens. Le jurisconsulte Paul, dans ses questions, en donne les raisons, qui sont péremptoires.

Il est nécessaire d'établir que l'intérêt, plus fort que l'intérêt légal, ne courra que pendant la durée de la navigation. *Trajectitia pecunia propter periculum creditoris, quandiu navigat navis, infinitus usurus accipere potest (Paulus).*

C'est au prêteur à avoir l'œil sur le navire et sur les marchandises sur lesquelles repose sa créance. L'intérêt du contrat à la grosse ne doit être dû que jusques au jour de l'entrée dans le port, où le remboursement doit avoir lieu. S'il laisse échapper son gage, et qu'il intente une action contre son débiteur, l'intérêt du jour de l'arrivée du navire ne devra lui être alloué qu'au taux déterminé par la loi. C'est à lui à faire les diligences nécessaires pour se mettre en règle, et terminer promptement suivant le vœu de la loi. On doit lui ôter le désir de retenir les effets sur lesquels repose son hypothèque, en ne lui donnant, du moment de leur arrivée, que le légitime intérêt. *Nec pignora vel hypothecæ titulo majoris usuræ tenebuntur.*

On sent bien qu'il doit en être de même d'un argent prêté à la grosse, et pour lequel le prêteur n'aura couru aucun danger de mer. Si le voyage n'a pas lieu pour quelque accident, etc., etc., on ne devra alors que l'intérêt légitime; seulement il faudra établir des peines sévères contre le preneur qui, après avoir emprunté, cesseroit l'armement, et éluderoit le remboursement.

On pourra donner à la grosse, non-seulement de l'argent monnoyé, mais encore des marchandises qui font la base du commerce, telles que du vin, de l'huile, du froment, des métaux. *In causâ trajectiliæ pecuniæ est pecunia ipsa, et perinde est sive illa sit numerata, sive alia quantitates quæ pondere, numero et mensurâ constant ut oleum, vinum, frumentum, metalla, etc., etc., (de rebus credilis).*

La nature du contrat à la grosse exigeant un intérêt au-dessus de celui fixé par la loi, le taux de cet intérêt doit être stipulé ; mais la loi, en permettant de l'élever en proportion des risques, doit cependant mettre un frein à la trop grande avidité du prêteur : elle doit à cet égard concilier tous les intérêts.

L'ordonnance de 1681 défend aux capitaines d'emprunter à la grosse, dans le port où se fait l'armement, et où résident les armateurs. Ce que j'ai dit des rapports des armateurs avec le capitaine, prouve cette nécessité. Dans ce cas, dit l'ordonnance, « les prêteurs n'auront hypothè- » que, ni privilèges, que sur la portion que le » capitaine pourra avoir au navire et au frêt, » quoique les contrats fussent causés pour radoub » en victuailles du bâtiment. (Des cont. à la g. » a. 8.)»

Il en est autrement, lorsque pendant le cours du voyage, le capitaine est obligé d'emprunter à la grosse, pour les nécessités du navire, et pour celles de l'armement. Souvent tout périroit sans la ressource d'un pareil emprunt.

L'intérêt des armateurs, que les lois ne doivent jamais perdre de vue, exige que cette nécessité d'emprunter soit prouvée, et des formes sévères doivent être prescrites à cet égard. Autrefois le capitaine se pourvoyoit devant le juge du lieu, et après que le procureur du roi avoit été entendu, on lui permettoit, s'il y avoit lieu, de prendre des deniers à la grosse, pour compte, risques et fortune de qui il appartiendroit. Les formes à suivre, à cet égard, devront être précises et uniformes. Cet article, de la plus haute importance,

portance, ne doit pas être omis dans nos nouvelles lois.

Il faudra ordonner que l'acte d'emprunt à la grosse, fait par le capitaine, soit revêtu de la formalité publique de l'enregistrement, dans tous les lieux où il aura été possible de la remplir. Des peines sévères devront être imposées au capitaine qui ne justifiera pas l'emploi exact d'un argent ainsi emprunté. Ce dernier cas est prévu par l'ordonnance, à l'article du capitaine.

On devra établir les nécessités du navire, par des procès-verbaux, et sur des devis fournis par les constructeurs et les ouvriers. Si on prête au capitaine sans cette précaution, le prêteur devra s'imputer à lui-même le danger qu'il court de n'être pas remboursé. On appliquera au prêteur toute la rigueur de la loi romaine. « Si le navire » a besoin d'être reparé, et qu'on ait prêté une » somme d'argent supérieure à celle que ce besoin nécessitoit, l'action solidaire ne doit pas » être donnée contre l'armateur (1). »

Il est facile d'appercevoir toutes les lois de détail qui découlent de ces principes, et qui doivent remplir le code civil maritime que nous attendons.

Il faut des lois positives sur le droit de ristourne et sur les preuves de l'emploi de l'argent prêté, en ouvrages faits sur le navire, ou en marchandises qui composent son chargement.

____

(1) *Si in eà causa fuerit navis ut refici deberet, multò*

Le contrat à la grosse permet une grande variété dans les stipulations, soit pour le taux de l'intérêt, soit pour la nature des risques, soit pour l'époque du remboursement. Ces observations rapides ne peuvent comporter ces détails : mais on ne sauroit trop recommander au législateur de distinguer soigneusement, dans l'espèce de ce contrat, les pactes licites de ceux qui ne doivent pas être considérés comme tels, ou pour l'intérêt du prêteur, ou pour l'intérêt de celui qui est dans l'obligation d'emprunter.

CHAPITRE VII.

Du Contrat d'Assurance.

LES anciens peuples paroissent n'avoir connu d'autre contrat, qu'on puisse rapprocher du contrat d'assurance que celui à la grosse, dont j'ai parlé dans le chapitre précédent. (*Fenus nauticum, trajectitia pecunia*). Le contrat d'assurance, tel que le conçoivent aujourd'hui les peuples commerçans, n'étoit point en usage parmi eux.

tamen major pecunia credita fuerit quam ob eum rem esset necessaria, non deberet in solidum adversus dominum novis, actionem dari.

Rien n'a plus puissamment contribué à la prospérité et à l'extension du commerce maritime, que cette convention qui demande toute l'attention du législateur. Par son moyen, des hommes industrieux peuvent, avec un capital médiocre et du crédit, concevoir et exécuter des entreprises auxquelles ils renonceroient, s'ils étoient obligés de courir tous les risques, et si leur ruine entière et irréparable, pouvoit en être le déplorable résultat.

La faculté de mettre à couvert son capital, en payant une somme convenue à ceux qui prennent sur eux les risques de mer, est une invention heureuse dont tout le monde conçoit l'utilité. Rien n'est plus important dans le commerce maritime, et rien ne doit être réglé avec plus de soin dans le code que nous attendons.

Le titre des assurances dans l'ordonnance de 1681, est d'une main habile. Mais le câdre étroit dans lequel son travail devoit naturellement se renfermer, ne lui a pas permis de donner à cette matière le développement qu'on attend aujourd'hui dans un corps complet de législation.

Voici une analyse succincte et exacte de ce qu'a prévu l'ordonnance de 1681. Je me permettrai d'y ajouter quelques réflexions.

Elle permet que le contrat, ou la police d'assurance, soit faite sans signature privée. — Cette disposition doit être soigneusement conservée. On ne peut trop faciliter la confection d'un contrat de tous les jours et de toutes les heures. Il est à désirer que le fisc puisse renoncer au droit d'enregistrement qu'on perçoit aujourd'hui. Il vaut mieux assujettir à un plus fort droit le papier sur lequel la police est écrite. Pour le commerce, dans tous les cas, aisance et célérité. Le bien qui en résulte vivifie toutes les parties de l'administration.

On peut faire assurer, sans désigner le navire, pourvu que le lieu du chargement soit assez éloigné pour faire présumer qu'on ne pouvoit le connoître. Dans ce cas, il faut désigner le lieu du chargement, et la personne à l'adresse de laquelle il devra être fait. — Cette dernière disposition, négligée dans plusieurs places de commerce, doit être de rigueur, et la loi devra ordonner que dans cette hypothèse, les connoissemens, pour délivrer les marchandises au porteur, ne seront pas admis. On peut faire sentir cette nécessité, dans le texte même de la loi.

Le temps des risques, s'il n'est pas fixé par la police, se trouve réglé.

L'ordonnance statue sur le payement de la prime et sur son remboursement, si le voyage n'est pas achevé. — L'ordonnance veut que la prime soit payée par l'assuré, au moment de la signature de la police : ce n'est pratiqué dans presque aucune place de commerce, et il paroît inutile d'ordonner, par une loi, ce payement anticipé. Il convient de laisser toute latitude aux conventions, et c'est d'après elles que, sur ce point, devront prononcer les tribunaux.

Elle permet d'assurer la liberté, et défend d'assurer la vie des personnes.

Elle défend de faire assurer le frêt à faire, le profit espéré des marchandises, et les loyers des officiers et matelots. — Ces dispositions doivent être soigneusement conservées, en y ajoutant ce qui peut prévenir les fraudes qu'on met en usage pour les éluder.

Elle défend de faire assurer les deniers pris à la grosse.

Elle permer de faire assurer les deniers prêtés à la grosse, mais non les profits.

Elle statue sur les réassurances. — Cet article, dans le code, aura besoin d'un plus grand développement.

On ne peut faire assurer au-delà de la valeur des effets chargés.

Elle spécifie les risques à la charge de l'assureur ; les cas ou la faute de l'assure l'en déchargent.

L'assureur ne répond point des pertes et diminutions occasionnées par le vice de la chose. — Le législateur devra des explications à cet égard, afin de prévenir les difficultés.

Elle traite des assurances à temps fixe ou à terme de voyage.

Elle parle de certains cas où les conventions sont violées de part ou d'autre. — Le législateur devra les spécifier avec soin, et entrer dans les détails, en s'arrêtant au point où ils deviendroient minutieux.

D 3

Elle prévoit le cas où l'assurance est nulle, lorsque la perte a pu être connue.

Le délaissement ou l'abandon aux assureurs est le point le plus délicat des assurances, et l'ordonnance l'a traité avec soin.

Elle distingue ce qui peut autoriser le délaissement d'avec ce qui doit être simplement considéré comme avarie : elle prononce qu'on ne peut délaisser une partie du chargement et retenir l'autre : elle ordonne que, dans l'acte de délaissement, l'assuré, en justifiant la perte, fasse mention des assurances faites, et les deniers pris à la grosse. — Sur cet article, aucun point fondamental du droit n'est oublié. L'arbre est planté ; le législateur doit aujourd'hui en étendre les branches et les bien diriger.

Elle fixe le moment du payement, lorsqu'on est sans nouvelles du navire assuré et de son chargement.

L'assureur est reçu à faire preuve contraire, mais en payant préalablement, moyennant caution. — L'ordonnance dit peu de choses sur cet article, et son importance demande un plus grand développement.

Elle oblige de laisser un double des connoissemens du chargement à nos consuls dans les pays étrangers. — L'observation de cet article tombé en désuétude, doit strictement avoir lieu pour l'avantage du commerce, et pour prévenir des fraudes devenues trop fréquentes dans les armemens.

L'ordonnance impose des obligations aux agens connus sous le nom de courtiers d'assurances, et aux notaires qui font signer et retiennent la police entre leurs mains. Elle leur défend de s'intéresser avec les assureurs signataires, etc. etc. — On ne peut être trop sévère sur ce point, et on devra ajouter dans notre code ce que la longue expérience du commerce a fait découvrir d'avantageux et de nécessaire, depuis la publication de la loi.

L'ordonnance parle aussi de l'arbitrage, en cas de différend. — Cette manière de terminer les affaires litigieuses, si utile, et qui réclame toute la faveur de la loi, devra être, s'il est possible, plus étroitement observée dans les querelles qui pourront s'élever entre les assureurs et les assurés.

Voici quelques observations sur ce qui pourra être ajouté au titre dont nous parlons :

Il sera très-nécessaire, lorsqu'on traitera de la prime, de régler l'augmentation qu'elle devra recevoir, si l'assurance est faite en temps de paix, et au taux ordinaire, lorsque la guerre vient à éclater ; ainsi que sa diminution, si, dans le même cas, l'assurance est faite pendant la guerre, et que la paix soit signée avec l'ennemi. Cette clause devra être insérée dans toutes les polices, et l'effet ne pourra en être détruit que par des conventions dérogatoires entre les parties qui contracteront.

Il ne faut point que la haine et les préventions

nationales limitent, en aucune manière, la liberté entière qui doit exister entre les étrangers
et les habitans de notre sol, pour les assurances
réciproques. Il est même nécessaire de s'expliquer
franchement à cet égard, et de donner de l'extension à l'article de l'ordonnance, qui porte :
« Permettrons même aux étrangers d'assurer et
» faire assurer, dans l'étendue de notre royaume,
» les navires et marchandises. »

La crainte de l'inexécution du contrat d'assurance, de la part des étrangers, est mal fondée,
et l'usage du commerce et la bonne foi, sans laquelle il ne peut subsister, ont établi, à cet
égard, entre les grandes places de commerce de
l'Europe une sûreté générale que confirment les
tribunaux respectifs.

La forme des polices d'assurance devra être
uniforme dans toute l'étendue de la république, et les clauses qui constituent le fond
du droit, devront y être consignées exacte-
ment, sauf, dans certains cas, à y déroger.

La faculté de changer de capitaine, suivant
les circonstances, et en observant certaines formalités, devra y être exprimée.

Les divers ports dans lesquels on se propose
de trafiquer, suivant les circonstances.

L'article du frêt est délicat, et devra être
étendu, pour prévenir les procès sans nombre
auxquels il peut donner lieu.

Les lois de détail qui dérivent des points de
droit principaux que nous venons d'indiquer,
ne peuvent être l'objet de ces observations,

Je vais parler, dans le chapitre suivant, des avaries et du jet à la mer. Ces deux articles sont les plus importans de la matière dont il s'agit ici.

CHAPITRE VIII.

Des Avaries et du Jet à la mer.

IL y a plusieurs espèces d'avaries : celles qui regardent seulement le navire ; celles qui regardent seulement les marchandises de la cargaison, ou celles chargées à frêt dans le même bâtiment. Ces deux espèces se nomment avaries simples et particulières. Il y a une troisième espèce d'avaries, appelée avarie grosse, qui prend sa source, suivant la définition qu'en donne l'ordonnance, dans « les dépenses extraordinaires » faites, et le dommage souffert pour le salut » commun des marchandises et du vaisseau. » On désigne encore cette avarie sous le nom d'avarie commune.

Elle répute avaries simples, celles qui concernent le navire et le frêt,

La perte des cables, agrès et apparaux, causée par la tempête , etc, etc.

Elle met sur la même ligne les dommages

causés aux marchandises par la faute du capitaine ou de l'équipage, oubli de fermer les écoutilles, mauvaises amarres par la qualité défectueuse des cordages. — Il semble que les rédacteurs de l'ordonnance n'ont pas eu ici la justesse de distribution qui les caractérise presque toujours. Au lieu de dire que les avaries de ce genre concernent le navire et le frêt, il falloit, dans un cas pareil, donner une action aux propriétaires, ou plutôt aux assureurs, contre les auteurs du dommage : cela paroît plus conforme à l'ordre et à la raison.

Sont également réputés avaries simples tous les accidens arrivés aux marchandises, à l'exception cependant de la détérioration de la marchandise, causée par sa nature ou par un vice qui lui seroit inhérent. — Il sera très-utile de statuer, par un réglement uniforme et ponctuellement exécuté dans toute l'étendue de la république, quelles seront les personnes qui pourront régler les avaries, et décider s'il y a lieu à former une demande aux assureurs, et à quelle quotité pour cent elle devra s'élever. On sent qu'en pareil cas, l'arbitrage devient indispensable. Il peut être dangereux de le confier à des personnes qui en feroient un métier, et il sera toujours prudent d'en exclure les courtiers d'assurance, qui, par la nature de leur profession, pourroient être soupçonnés de prévention ou de partialité. Les arrimeurs, les constructeurs, doivent, concurremment avec des négocians, donner ces décisions, et les donner sans appel. Cet article est bien essentiel, et il est d'une grande importance de bien fixer la législation à cet égard. Il faut ajouter à ces dispositions de l'ordonnance sur les avaries simples, la décision de la loi rhodienne, qui met dans cette cathégorie les dommages causés par le feu du ciel.

Les avaries grosses exigent de plus grandes précautions encore, soit pour les constater soit pour juger de la validité des procès-verbaux qui les établissent. Le concours du ministère public doit y être nécessaire, d'après les formes et la nature des fonctions des officiers qui, d'après l'ordre judiciaire encore à naître, prononceront dans les affaires d'amirauté.

On entend par avarie grosse ce qu'on jette à la mer pour sauver le navire ;

Les cables et mâts rompus et coupés ;

Les ancres et effets abandonnés pour le salut commun ;

Les dommages causés en faisant le jet ;

Le pansement des blessés pour le salut commun ;

Les frais de chargement et de déchargement, pour entrer dans un port ou havre ;

Les frais pour remettre le navire à flot ;

Les gages et les loyers des matelots sur navire arrêté par force majeure.

Il est très-utile de fixer et de détailler, dans les différentes hypothèses, la portion des avaries grosses qui devra être supportée par le navire , et celle qu'on fera peser sur les marchandises. .

On peut ajouter aux avaries grosses et détailler dans le code :

Les dommages causés par l'ennemi , ou pour le fuir ;

Les frais de convoi , dans le cas où ils pourront être exigés ;

Les sommes comptées à l'ennemi ou aux pirates , pour rachat du navire et de la cargaison (1).

Il paroît convenable de statuer que les frais des maladies des matelots seront toujours supportés par le navire , seront pris sur le produit du frêt , et ne pourront , dans aucun cas , être réputés avaries grosses.

Il ne doit point y avoir d'avaries grosses pour le pillage partiel , et le propriétaire de la chose volée en supportera la perte , sans réclamation (2).

Le jet des marchandises à la mer , pour alléger le navire et le sauver , demande , par son importance , l'attention particulière du législateur. Le titre second du livre quatorzième du digeste , est entièrement pris des lois maritimes

-----

(1) *Si navis à piratis redempta sit omnes contribuere debent.*

(2) *Quod prædones abstulerint , eum perdere cujus fuerit.*

des Rhodiens. Il traite du jet à la mer des marchandises dont le capitaine est souvent obligé de faire le sacrifice, pour l'intérêt commun. Il est intitulé : *De la Loi rhodienne sur le Jet* : DE LEGE RHODIA DE JACTU. A la lecture des sages dispositions de cette loi, il est impossible de ne pas exprimer de nouveaux regrets sur la perte du code de ce peuple commerçant, dont quelques fragmens sont seulement parvenus jusqu'à nous. Les dispositions de cette loi ont été placées dans les réglemens maritimes des peuples adonnés aujourd'hui à la navigation : l'ordonnance de 1681 en a pris tout ce qui pouvoit entrer dans un réglement de cette nature. C'est aux hommes chargés de la rédaction d'un code complet, et auxquels la partie maritime sera confiée, d'en tirer les corollaires qui s'adapteront à nos usages et à notre manière de commercer.

Cette loi veut qu'en cas de jet à la mer d'une partie des marchandises qui sont dans le vaisseau, les propriétaires de ces choses sacrifiées pour le bien commun, soient dédommagés sur le montant des marchandises qu'il a été possible de conserver ; non d'après leurs poids respectifs, ce qui seroit d'une grande injustice, mais d'après leur valeur convertie en argent (1). C'est une disposition qu'il est bien essentiel de conserver

____

(1) *Jacturæ summam pro rerum pretio conferre oportet.*

et de spécifier d'une manière non équivoque, afin d'éviter les querelles, trop communes, lorsque ces questions s'agitent devant les arbitres ou devant les tribunaux.

D'après cette loi, tous les effets à l'usage domestique des personnes qui se trouvoient sur le vaisseau, étoient évalués, et soumis à la contribution générale. Jusqu'à présent, nous n'avons pas admis cette disposition, et je ne pense pas qu'il soit utile de l'admettre. Ces effets sont ordinairement peu considérables, et leur évaluation donneroit lieu à des contestations sans fin, que l'intérêt commun ordonne de prévenir. On devra donc se borner à soumettre à la contribution les marchandises spécifiées sur les factures et les connoissemens dont le capitaine est porteur.

. Cependant il seroit juste de faire une exception, et de faire entrer dans la masse l'argent ou l'or monnoyé ou en lingots, qui se trouveroient dans les malles des passagers, que, dans ce cas seulement, on seroit en droit de visiter.

· La chose jetée à la mer pour dégager le navire, appartient toujours au propriétaire, et non à celui qui peut s'en emparer. On l'a jetée, non par abandon, mais par nécessité (1).

Si, au lieu de jeter les marchandises à la mer, on en place une certaine quantité dans la cha-

---

(1) *Res autem jacta domini manet, nec fit ad prehendentes quia pro derelictâ non habet.r.*

loupe, dans l'espoir qu'elle pourra atteindre le rivage voisin; et si cette chaloupe périt, la contribution a lieu sur les marchandises laissées à bord du vaisseau, si le navire parvient au port.

Si le vaisseau périt, et si la chaloupe se sauve, il en est autrement. Les marchandises, sans contribution aucune, sont rendues en entier aux chargeurs, à qui elles appartiennent. La loi rhodienne en donne la raison (digest. liv. 14, t. 2, p. 4).

Si le vaisseau est submergé, alors chacun sauve pour lui-même ce qui lui appartient, et chaque particulier a même le droit de le réclamer d'autrui, si on le lui enlève. On doit alors, dit le législateur, en agir comme dans un incendie, et suivre les mêmes usages et les mêmes lois. « Si le navire naufragé est poussé vers le » rivage, s'il échoue sur quelque terre, les mar- » chandises appartiennent aux chargeurs. Que » le fisc ne vienne point s'interposer. Quel peut » être le droit du fisc dans le malheur d'autrui? » une chose si déplorable doit-elle l'enrichir (1)? »

Le titre de l'ordonnance explique très-bien les précautions à prendre pour le jet, quelles sont les délibérations qui doivent le précéder

---

(1) *Si quando naufragio navis ad littus expulsa fuerit, vel si quando ad aliquam terram attigerit ad dominos pertinent; fiscus non sese interponat. Quod enim habet jus fiscus in alienâ calamitate, ut de re tam luctuosâ compendium sectetur.*

et en constater la nécessité, et par quelles marchandises on doit le commencer. Dans ce titre et dans la loi rhodienne, se trouve à peu près tout ce qu'il faut dire sur ce point utile dans notre législation.

CHAPITRE IX.

Des Actes civils des gens de mer à bord des vaisseaux.

LE titre de l'ordonnance de 1681, qui statue sur les testamens et la succession de ceux qui meurent en mer, a posé sur cette matière les principes de droit les plus importans. Il n'y aura, dans le nouveau code, que peu de choses à y ajouter. L'ordonnance ne parle point des actes de naissance, et à cet égard, il sera bon de régler en peu de mots, que si une femme passagère accouche pendant la traversée, on dressera procès-verbal pour constater le jour de la naissance de l'enfant, qui devra être signé du capitaine et des principaux officiers. Dans ce cas, le capitaine sera tenu de se rendre, avec la mère de l'enfant, s'il est possible, à la municipalité du premier port dans lequel entrera le bâtiment, pour, d'après le procès-verbal

qu'il

qu'il aura dressé, faire inscrire cet acte de naissance sur les régistres de l'état civil des citoyens. On sent combien cette précaution est essentielle, et peut devenir décisive pour la tranquillité des familles et pour les successions.

Tout acte de mariage à bord des vaisseaux doit être sévèrement interdit, et la loi doit expressément en prononcer la nullité.

L'ordonnance veut que les testamens soient reçus et écrits par l'écrivain. Nous avons vu que les fonctions de cet officier, ainsi que sa responsabilité, ne doivent plus avoir lieu. A cet égard, il est d'un intérêt général que tout soit fait par le capitaine, qui devra toujours savoir lire et écrire, et être en état, d'après les connoissances que supposeront les examens qu'il aura subis, de rédiger de pareils actes avec les soins qu'ils pourront exiger.

Il faut observer les formes prescrites par l'ordonnance.

Le testament devra être écrit de la main du capitaine.

Le testateur devra le signer, s'il sait écrire, ou bien on énoncera les causes qui n'auront pas permis de remplir cette formalité.

Trois témoins le signeront également.

Le capitaine sera tenu de le déposer chez un officier public, dans le lieu du débarquement.

Les défenses de disposer en faveur du capitaine et des officiers, à moins qu'ils ne soient parens du testateur, devront être maintenues.

E

L'ordonnance ne permet de disposer, par testament fait à bord, que des effets qu'on a dans le vaisseau, et des gages qui sont dus.

Cette précaution peut être nécessaire dans le temps de la publication de cette loi, dans un temps où les mœurs des marins, rudes et grossières encore, pouvoient faire craindre au législateur qu'on n'usât de surprise, et même de violence, pour arracher des dispositions de dernière volonté ; cette précaution, disons-nous, nécessaire alors, paroît superflue, aujourd'hui que l'éducation des marins et leurs études préliminaires garantissent contre des surprises dont ils mesurent tout le danger.

Dès que le capitaine sera dans l'obligation d'écrire de sa main le testament, et de le faire revêtir de la signature de trois témoins, que peut-on craindre ? Il ne voudra point, sans un intérêt personnel, s'exposer au danger d'une peine capitale ; et la loi qui défend de faire aucune disposition en sa faveur, ferme toute chance à cet intérêt. Il en sera de même pour les témoins signataires du testament.

Les fraudes qui pourroient se pratiquer en faveur de quelque parent, se découvrent plus aisément dans l'enceinte d'un vaisseau, où l'on ne se perd point de vue, et où il est si difficile de rien cacher. Il faut convenir que ces fraudes ne peuvent être que très-rares, et en pareil cas, une enquête devenue nécessaire, faite, d'après le rapport des gens de l'équipage, par le commissaire du gouvernement, doit mettre les tribunaux à même de poursuivre les coupables, et de tout réformer.

Il paroît donc convenable de laisser à bord des vaisseaux la faculté de suivre le droit commun dans les testamens, et de laisser, à cet égard, aux dispositions de dernière volonté, toute la latitude que donne la loi.

On voit, par ce que je viens de dire, que cet article du code devra être peu étendu; il se bornera à fixer d'une manière irrévocable les formes, pour constater les dernières volontés.

Il faudra que cet acte soit, en débarquant, déposé par le capitaine chez un notaire qui préviendra les intéressés au testament, et remplira les autres formalités.

CHAPITRE X.

Des Prises; des Tribunaux.

IL est impossible, en matière de prises, d'admettre une législation constante et positive. La politique extérieure, qui appartient exclusivement au pouvoir exécutif; les relations avec les puissances alliées ou neutres, dont l'importance ne peut être appréciée que par la loi, ne permettent pas de donner aux lois sur la course cette stabilité qui fait la perfection du code civil. Les citoyens ne peuvent s'en plaindre. Cette matière n'est pas essentiellement du droit civil; elle appartient au droit politique extérieur, dont le gouvernement est le souverain régulateur; et le devoir de ce gouvernement est de considérer, dans ses actes, l'intérêt de l'État, et par conséquent de la majorité des citoyens. Ce principe, bien énoncé, est lumineux par lui-même, et n'a besoin d'aucun développement. Il en résulte évidemment que les affaires de ce genre ne doivent pas, pour l'intérêt général de la politique, être décidées par les tribunaux ordinaires, et que le gouvernement doit être consulté dans les décisions qui peuvent compromettre la sûreté ou la dignité de la nation.

Un tribunal doit donc être établi dans le lieu de la résidence du gouvernement, pour prononcer en dernier ressort, et sur appel, sur la validité ou l'invalidité des prises. L'importance de ce tribunal avertit le gouvernement de donner aux nations étrangères et aux citoyens français une garantie patente des lumières et de la probité des juges qui devront le composer. Leur ministère sera bien auguste : ils seront les garans des traités, et jamais ils ne permettront de diriger contre nos alliés des armes que le gouvernement permet aux armateurs français de prendre, mais qui ne doivent frapper que nos ennemis.

Les lois promulguées, et le mode de jugement admis pendant le cours des précédentes années ; tout ce qui concernoit cette législation, a mis les intérêts commerciaux des nations de l'Europe dans une confusion destructrice de notre territoire, et avantageuse aux seuls Anglais, qui en ont profité pour rendre tributaires de leur puissance maritime tous les peuples industrieux. Cette question est développée, et supérieurement résolue dans un message du directoire, envoyé le 22 nivose an 7e., au conseil des cinq-cents. On ne peut ni mieux raisonner ni mieux dire.

Les affaires de prise se jugent aujourd'hui en première instance par les tribunaux de commerce, et par voie d'appel, par les tribunaux civils des départemens. Toutes sont portées, après avoir subi ces deux degrés de jurisdiction, devant le tribunal de cassation.

Ces affaires, toujours renaissantes, et dans lesquelles sont remarquables l'audace et l'acharnement des plaideurs, occupent et agitent ce dernier tribunal, et fatiguent tellement les juges, qu'ils désirent fortement eux-mêmes qu'on leur enlève une pareille attribution.

La guerre a ses droits, dont les tribunaux ne doivent point connoître ; c'est au gouvernement, ou à ceux qui peuvent lui demander son secret, à les interpréter. Un jugement rendu par un tribunal civil, peut enfreindre un traité dont les juges n'ont aucune connoissance, peut occasionner une guerre désastreuse ; c'est un danger que l'universalité des citoyens ne veut point courir.

Souvent le gouvernement, régulateur suprême de toute la politique extérieure, indemnisera les armateurs français : la sûreté de l'Etat s'alliera naturellement alors avec la justice éclatante et exacte qu'ils seroient en droit de réclamer.

Il seroit facile, sans doute, de multiplier ici les réflexions qui naissent en foule sur un sujet qu'une expérience si longue et si funeste a rendu familier à tous les Français. A cet égard, les bons esprits ne conservent plus aucun doute, et ceux qui avoient intérêt de tout brouiller pour se faire remarquer, et pour avoir l'importance d'un jour, sont réduits à la nullité, si bien méritée par leurs œuvres.

Le droit sur les prises se trouve très - bien établi dans l'ordonnance de 1681, et dans les réglemens qui l'ont suivie. Aucune partie de la législation maritime n'offre une facilité aussi grande pour cet article du code, dont la France ne peut plus se passer. Le réglement de 1778, relatif à la navigation des neutres, doit être suivi, et renferme les plus sages dispositions. L'incohérence et le chaos de nos lois nouvelles ont mieux fait sentir la nécessité et la sagesse de ces statuts, fondés sur l'expérience, et dictés par l'impartialité et par la raison (1).

____

(1) Ce chapitre étoit chez l'imprimeur, lorsque j'ai lu

Quant aux autres affaires d'amirauté, et à droit civil maritime et commun entre les citoyens, y aura t-il, comme autrefois, des tribunaux particuliers dont les sentences étoient portées, par appel, devant des cours souveraines ? ou suivra-t-on l'usage, en vigueur aujourd'hui, de les porter devant les tribunaux de commerce, dans les lieux où ils sont établis ? La solution de cette question dépendra beaucoup de la nouvelle organisation de l'ordre judiciaire, qui est aujourd'hui sans consistance comme sans dignité. Cette construction si nécessaire est l'objet de la sollicitude de plusieurs excellens esprits qui, dans ce moment, ont la puissance unie à la volonte. Cette initiative ne m'appartient point.

Je bénirai, avec tout le peuple, les auteurs d'un si grand bienfait, et je serai assez heureux, s'ils trouvent dans ces pages dictées par l'amour de mon pays, quelques vues utiles à leurs nobles travaux.

---

l'excellent rapport du ministre de la justice. Il demande la formation d'un tribunal spécial placé auprès du gouvernement, pour prononcer sur les prises, en dernier ressort et sans recours en cassation : il demande, en outre, l'abrogation des lois qui ont produit de si funestes effets.

F I N.

De l'Imprimerie de PORTHMANN, successeur du cit. Desenne, rue neuve des Petits-Champs, presque eu face celle des Moulins, No. 23.